Ralf "Linus" Höke

# Shades of hä?

Mit Illustrationen von André Sedlaczek

W0188359

Lappan

*Für Mume Frieda, die wahrscheinlich keine Sau kennt, es aber gerade deswegen verdient hat, auch mal in einem Buch erwähnt zu werden.*

# Inhalt

# »Shades of Grey« oder: »Die durch die Hölle gehen«

Das Schicksal ereilte mich in Form eines unscheinbaren Päckchens. Eine Büchersendung, adressiert an meine Partnerin. Inhalt: »Shades of Grey – Geheimes Verlangen«. Wenn ich damals geahnt hätte, dass mir mein Arzt wegen dieses Buches Wochen später völlige Entkräftung attestieren würde, hätte ich die Annahme verweigert.

Der Konsum erotischer Literatur war bis dato in unserer Beziehung – wie in den meisten Partnerschaften – Sache des Mannes. Der Begriff Literatur trifft dabei den Nagel vielleicht nicht hundertprozentig auf den Kopf. Ganz falsch ist er aber auch nicht, denn es kommen auch Worte und manchmal sogar ganze Sätze darin vor. (»Baby, gib's mir!«)

Bei »Shades of Grey« handelt es sich jedoch nicht um erotische Literatur, wie man sie aus dem Sexshop kennt, sondern das Werk steht für eine Form, die den meisten Männern unbekannt sein dürfte, nämlich erotische Literatur für Frauen.

Wodurch unterscheidet sich erotische Literatur für Frauen von der für Männer? Nun, in erster Linie durch die enorme Anzahl an Worten und das Fehlen jeglicher Fotos. Das ist auch für Literaturnovizen einfach zu erkennen.

Der Inhalt von »Shades of Grey« ist schnell erzählt: Die junge Anastasia verliebt sich in Christian Grey, eine Art Supermann. Die beiden poppen. Anastasia bekommt einen Orgasmus und anschließend Zweifel. Zur Beseitigung derselben poppt man. Dann poppt man nochmal. Anastasia kriegt wieder Zweifel. Poppen. Orgasmus. Poppen. Orgasmus. Zweifel. Poppen. Orgasmus. Ende. 600 Seiten lang.

Wie füllt die Autorin dieses Werkes nun 600 Seiten mit so einer Story? Ganz simpel, indem sie Anastasia nicht einfach nur einen Orgasmus bekommen lässt, sondern seitenlang beschreibt, wie die Heldin von ihrem Liebhaber Christian mittels angewandter BDSM[*]-Praktiken »in einem unglaublichen, nicht enden wollenden Orgasmus explodiert«. Und genau hier liegt auch die Krux. Denn während Männer nach dem Konsum von Pornoheftchen die Dinger in die Ecke feuern, legt die Frau nach einem Kapitel »Shades of Grey« das Buch zur Seite und formt mit ihren Lippen einen Satz, der folgenschwerer nicht sein könnte: »Das will ich auch.«

Dieser Ratgeber kann all den Männern Hilfe leisten, die von ihren überinspirierten Partnerinnen plötzlich mit Bedürfnissen konfrontiert werden, die sie schlicht nicht befriedigen können – oder wollen.

---

[*] BDSM: Abkürzung für Bondage & Discipline, Dominance & Submission, Sadism & Masochism und alle übrigen versauten Wörter, die einem zu diesen Buchstaben einfallen.

# Verhütung

Wer in einer Partnerschaft lebt, beschäftigt sich über kurz oder lang mit dem Thema Verhütung. Seit »Shades of Grey« bekommt dieser Aspekt sexuellen Zusammenlebens für Männer eine völlig andere Bedeutung, die da lautet: Wie verhüte ich, dass meine Partnerin »Shades Of Grey« liest?

1    Alle verfügbaren Exemplare aufkaufen. Ich bin mir ziemlich sicher, dass diese Methode bereits von vielen verzweifelten Männern angewandt wird. Wie sonst wäre der Verkaufserfolg zu erklären? Diese Methode stellt einen durchschnittlich verdienenden Mann vor gewisse Probleme. Wie finanziere ich dieses Unterfangen? Und wohin mit dem ganzen neuerworbenen Altpapier? Kann man es einfach so wegschmeißen oder verstößt man unter Umständen gegen irgendwelche Auflagen? (NOTIZ: Beim Umweltbundesamt anfragen, ob »Shades of Grey« unter Sondermüll fällt.)

2    Billiger, aber ebenfalls effektiv: nur ein Exemplar bestellen, vorsichtig das Cover mit einer Rasierklinge vom Rest lösen und um ein Buch unverfänglicheren Inhaltes kleben. Bücher über Fliegenfischen, Reparaturanleitungen zur Instandsetzung von Viertaktmotoren oder die Biografie Günter Netzers eignen sich

hierzu hervorragend. Dieses Exemplar schenken Sie dann Ihrer Partnerin. So schlagen Sie zwei Fliegen mit einer Klappe. Ihre Partnerin wird Ihnen Ihr Einfühlungsvermögen hoch anrechnen und kurz darauf schnell die Lust an der Lektüre verlieren.

3 Sie versprechen Ihrer Partnerin, ihr jeden Abend ein Kapitel vorzulesen. (ACHTUNG! Die Lektüre kann entsetzliche psychische Qualen hervorrufen!) Bei dieser Methode kommt es auf Improvisationstalent an. Sobald im Buch die Rede von Sexpraktiken ist, tauschen Sie den Inhalt spontan aus. Steht also im Buch ein Satz wie: »Dann küsst er meine Brustwarzen und knabbert nacheinander mit kühlen Lippen daran«, lesen Sie laut: »Dann öffnet er ein kühles Bier und knabbert nacheinander ein paar Salzstangen.«

4 Versehen Sie ein Exemplar des Werkes mit einer gefälschten persönlichen Widmung der Autorin und schicken Sie es an den iranischen Staatspräsidenten Mahmud Ahmadinedschad. Die darauf folgenden Unruhen, Todesdrohungen und das Politisieren des Werkes in den Medien wird ihre Partnerin mit großer Wahrscheinlichkeit von der Lektüre abhalten. (Meine hat sich jedenfalls noch nie für Mohammed-Karikaturen interessiert.)

Trotz dieser Maßnahmen bleibt natürlich ein gewisser Unsicherheitsfaktor. Was ist, wenn die Partnerin sich das Buch von einer Freundin geliehen hat, ihrer Schwester, oder im schlimmsten Fall, ihrer Mutter? Hier gilt: Wehret den Anfängen! Nur wer früh handelt, kann Schlimmeres verhindern. Deshalb folgen nun einige Anzeichen, an denen Sie erkennen, ob Ihre Partnerin heimlich »Shades of Grey« liest.

## Symptome

1 Ihre Partnerin hält Sie plötzlich für »unverschämt gutaussehend«. Das <u>muss</u> nichts heißen, kann aber. Um sicher zu sein, schauen Sie in den Spiegel. Falls Ihnen jetzt nicht eine Mischung zwischen Johnny Depp und George Clooney entgegenstarrt, sollten Sie erhöhte Wachsamkeit walten lassen!

2 Sie greifen nach dem Zubettgehen wie gewohnt nach Ihren Ohrenstöpseln auf dem Nachttischchen und haben einen Analstöpsel in der Hand. (Achtung! Fragen Sie Ihre Partnerin jetzt besser nicht, an welchem Ort sich gerade Ihre Ohrenstöpsel befinden!)

3   Der Schmuseteddy Ihrer Partnerin liegt plötzlich mit verbundenen Augen im Bett. (Warnstufe 1. Eine Infektion mit dem »Shades of Grey«-Virus ist nicht auszuschließen!)

4   Der Schmuseteddy liegt mit gefesselten Pfoten im Bett. (Warnstufe 2. Eine Infektion liegt mit großer Wahrscheinlichkeit vor! Sofortige Gegenmaßnahmen sind dringend angeraten! Sorgen Sie für Ablenkung! Zum Beispiel in Form eines kleinen Wohnungsbrandes.)

5   Der Schmuseteddy liegt überhaupt nicht mehr im Bett, sondern hängt an der Wand – festgeschnallt an ein Andreaskreuz. (Warnstufe 3. Das Virus vermehrt sich bereits mit großer Geschwindigkeit im

Bewusstsein Ihrer Partnerin! Die unter Punkt vier genannten Gegenmaßnahmen sind jetzt bereits nahezu wirkungslos. Beschäftigen Sie sich stattdessen lieber mit dem Thema Auswandern.)

Welche gravierenden Folgen der unachtsame Umgang mit »Shades of Grey« haben kann, zeigt der Brief eines verzweifelten Leidensgenossen, der mich kürzlich erreichte.

## Leserbrief

*Hallo. Seit meine Frau diesen* ███████████* *Roman gelesen hat, wirft sie mir vor, ich sei eine völlige Niete im Bett. Außerdem vertritt sie die Ansicht, Männer könnten sowieso nur dann gut im Bett sein, wenn sie ein mindestens ebenso großes emotionales Defizit aufweisen wie Christian Grey.*
*Liegt also die Ursache meines sexuellen Defizits im Defizit eines emotionalen Defizits? Und wenn, wie kann ich am schnellsten ein emotionales Defizit erreichen?*

* (vom Autor geschwärzt)

Damit es bei Ihnen nicht so weit kommt, folgen nun ein paar Tipps für die Praxis.

# Kapitel 1

# Praxis

Stellen Sie sich vor, Sie wollen zu zweit ein paar schöne erotische Stunden im Schlafzimmer verleben. Doch statt Massageöl zückt Ihre Partnerin Karabinerhaken und Seile.

Um nicht völlig unvorbereitet in eine solche Situation zu stolpern, empfiehlt es sich, den Umgang mit BDSM-Sexualpraktiken à la »Shades of Grey« zu üben, bevor es ernst wird. Arbeiten Sie dazu folgende Schritte gewissenhaft durch:

1 Zunächst benötigen Sie einen Gegenstand, der dem Intellekt und der Persönlichkeitsstruktur der Heldin des Romans nahekommt. Zum Beispiel ein Stück Brot. Vorzugsweise Toast. Dieses Stück Toast stellt für die folgenden Übungen ihre »Partnerin« dar. (Toast hat wahrscheinlich einen ähnlich großen Wortschatz wie Anastasia, hält aber im Gegensatz zu ihr, Gott sei Dank, die Klappe. Außerdem wird er nicht so oft rot. Höchstens braun.)

2 Legen Sie die Scheibe Toast vor sich auf den Küchentisch und beschimpfen Sie sie. Beginnen Sie mit Sätzen wie: »Du nichtsnutziger Toast!«, »Du Wurm unter den Weizenbroten!« oder »Du bist es nicht wert, getoastet zu werden!« (ACHTUNG! Sorgen Sie unbedingt dafür, dass Sie alleine sind und schließen Sie Fenster und Vorhänge!)

3 Bestrafen Sie den Toast mit Nichtachtung. Zeigen Sie ihm die kalte Schulter. Mehr noch, machen Sie ihn eifersüchtig! Verzehren Sie zum Beispiel in seiner

Anwesenheit mit Genuss eine Scheibe Schwarz-brot. Sagen Sie dabei: »Hmmm, wie lecker!« oder »Von diesem jungen knackigen Schwarzbrot kann sich der labbrige und faltige Toast aber eine Scheibe abschneiden.«

4 Ignorieren Sie für die folgenden drei Wochen den Toast völlig. Wenn ihm bereits Schimmelhärchen wachsen, überraschen Sie ihn plötzlich mit einer lauten Verbalattacke. »Ich habe Dir doch gesagt, Du sollst Dich rasieren!«

5 Jetzt müssen Sie den Toast bestrafen. Belegen Sie ihn dazu zunächst mit einer Scheibe Salami oder Schin-kenwurst und platzieren ihn dann auf dem Ehebett. (TIPP: Falls Sie Vegetarier sind, geht als Be-lag auch ein Blatt Salat.) Damit der Toast nicht ahnt, was auf ihn zukommt, seien Sie zunächst freundlich zu ihm. Sagen Sie: »Du siehst heute un-verschämt gut aus. Zum Anknabbern« oder »Spürst du dieses Knistern?« (Letzteres wirkt authentischer mit Zwieback. ) Dann fordern Sie ihn auf, sich aus-zuziehen. Nehmen Sie dazu die Wurst wieder vom Brot. Der Toast sollte jetzt nackt vor Ihnen lie-gen. (Etwaige Fettränder ignorieren!) Wechseln Sie nun plötzlich Ihre Haltung. Sagen Sie: »Ich wer-de Dich jetzt bestrafen!« (Falls der Toast Sie fragt,

warum – was sehr unwahrscheinlich ist – sagen
Sie: »Du warst unartig. Du hast dich nicht rasiert!«)
Jetzt hauen Sie einmal feste mit der flachen Hand
auf den Toast. (TIPP: Auch hier unbedingt vor-
her Fenster und Vorhänge schließen!) Falls es
Ihnen zu lächerlich erscheint, auf eine Scheibe Toast
einzuhauen, können Sie hierfür ersatzweise auch ein
Schnitzel nehmen.

6  Eine Steigerung der vorangegangenen Übung stellt
die Benutzung geeigneten Schlagwerkzeuges dar,
wie Peitsche, Rohrstock etc. Für den Anfang tut es
aber auch ein Essstäbchen. Sagen Sie: »Ich werde
Dich jetzt züchtigen!« und: »Das macht mich heiß!«
Dann dreschen Sie plötzlich mit dem Essstäbchen
auf den Toast ein. Fordern Sie ihn außerdem auf, jeden Schlag laut mitzuzählen. Falls er sich weigert –
was sehr wahrscheinlich ist – übernehmen Sie das
Zählen. Nach dem sechsten Schlag hören Sie auf und
betrachten das Ergebnis mit diabolischem Gesichtsausdruck. (TIPP: Kann man vor dem Spiegel
üben. Orientieren Sie sich dabei an Jack Ni-
cholson in »Shining« oder, noch diabolischer,
an Florian Silbereisen in »Das Frühlingsfest
der Volksmusik«). Was Sie jetzt auf Ihrem Bett sehen, sollte Ihnen keine Angst machen. Ihre Partnerin wird später nicht so krümeln.

7 Jetzt kommt der schwierigste Teil, denn nun müssen Sie Ihren Toast begatten. Ziehen Sie sich bis auf die Unterhose aus und betrachten Sie lüstern das Brot. (TIPP: Orientieren Sie sich dabei am Gesichtsausdruck Thomas Gottschalks.) Befummeln Sie den Toast. Sagen Sie: »Wie feucht du bist! Gott, wie ich dich begehre!« (TIPP: Zur Not frische Scheibe nehmen oder Toast wie Bruschetta mit Olivenöl beträufeln. ACHTUNG: Knoblauch weglassen!) Ziehen Sie danach Ihre Unterhose aus. Laut »Shades of Grey« sollte jetzt eine beachtliche Erektion zum Vorschein kommen. (Ist dem tatsächlich so, empfehle ich, schnellstens einen Therapeuten zu konsultieren!) Legen Sie nun den Toast auf das, was zwischen Ihren Beinen baumelt und sagen Sie: »Das ist die Wirkung, die Sie auf mich haben, Miss Buttertoast!« und: »Ich werde Sie jetzt ficken!« (WICHTIG! Unbedingt Kondom benutzen! Sich an einer Scheibe Toast mit Geschlechtskrankheiten zu infizieren ist zwar relativ unwahrscheinlich, aber Krümel unter der Mütze sind auch kein Spaß!)

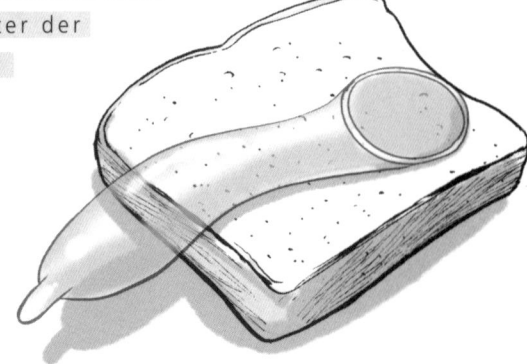

8 Gratulation! Sie haben es geschafft! Spielen Sie zum Abschluss — wie im Roman — Ihrem Toast das Oboenkonzert von Alessandro Marcello in einer Transkription von Johann Sebastian Bach vor. (Eine Alternative dazu gibt es leider nicht. Es muss genau dieses Stück sein!) Falls Sie kein Klavier zur Hand haben, geschweige denn selbiges spielen können, reicht auch die CD. Wichtig ist nur, dass Sie während der Musik gedankenverloren und bittersüß melancholisch aussehen. (TIPP: Kopf leicht schief halten, orientieren Sie sich dabei am Gesichtsausdruck Angela Merkels.) Wundern Sie sich nicht, wenn Ihr Toast Ihnen nicht gesteht, zum ersten Mal in seinem Leben in einem wunderbaren Orgasmus explodiert zu sein. Das ist normal für Brot.

# Test: Basiswissen

*Um das in der vorangegangenen Übung erlernte Praxiswissen zu vertiefen, folgt nun ein kleiner Test anhand dessen Sie Ihr Basiswissen rund um den BDSM-Bereich überprüfen können.*

**Frage 1**

Was versteht man unter »Analstöpsel«?

A Hartnäckige Verdauungsstörung nach Genuss von zu viel Schokolade

B Fahrrad ohne Sattel

C Ein Urologe, der während der Prostatauntersuchung einschläft

D BDSM-Spielzeug in Form eines Schnullers, allerdings fürs andere Körperende gedacht

**Frage 2**

Was versteht man unter »24/7«?

A 3,428571428571429

B Den 24. Juli

C Eine irrsinnig komplizierte Variante des Dreivierteltaktes

D Abkürzung für eine Beziehungsform, in der sich der Partner 24 Stunden lang, 7 Tage die Woche unterwirft. Im Grunde das, was der Mann in einer normalen Ehe erlebt.

**Frage 3**

Was versteht man unter »Atemkontrolle«?

A Das, was man versucht, wenn man besoffen in eine Verkehrskontrolle gerät und ins Röhrchen pusten muss.

B Das, was man versucht, wenn man besoffen nach Hause kommt und die Partnerin anpusten muss.

C Das, was man versucht, wenn man besoffen in der Tiefsee taucht und in 100 Metern Tiefe feststellt, dass man die Tauchflaschen oben vergessen hat.

D Das, was man gezwungen ist zu versuchen, wenn man beim Cunnilingus unten liegt und einem 200 Kilo Fleisch auf dem Gesicht sitzen.

**Frage 4**

Was versteht man unter »Cockring«?

A Arena für Hahnenkampf

B Vereinigung rechtschreibschwacher Köche

C Kosename für Ulla Kock am Brink

D Rezeptfreies Mittel zur Verlängerung der Erektion
(Ja, die gibt es!)

**Frage 5**

Was versteht man unter »devot«?

A Das neue Parfum von Claudia Schiffer

B Slangwort der katholischen Kirche für
Devotionalien

C Dialektform des schwäbischen Relativpronomens
»der wo«

D Einen Begriff, den die Heldin aus »Shades of Grey«
nicht kennt, weil er ganz, ganz furchtbar versaut
ist und den sie deshalb erst mal googeln muss,
um dann vor Scham tiefrot anzulaufen.

**Frage 6**

Was versteht man unter »Femdom«?

A Abkürzung für den Felsendom in Jerusalem

B Ego-Shooter für Frauen

C Benachbarte Inselgruppe der DomRep

D Die Frau hat die Hosen an. (Siehe auch Frage 2,
Antwort D)

**Frage 7**

Was versteht man unter »Golden Shower«?

A  Den neuesten Bond-Film

B  Eine Hundezüchtung aus Golden Retriever und
Chow-Chow

C  Frau Holles Goldregen

D  Urinspiele

**Frage 8**

Was versteht man unter »Urinspiele«?

A  Dopingkontrolle bei den Olympischen Spielen

B  Käsekästchen in den Schnee pinkeln

C  Passionsspiele in einem Schweizer Kanton

D  Beim Sex die Dinge laufen lassen

Kreuzen Sie bitte Ihre Antworten an und bilden Sie aus
den Buchstaben das Lösungswort.
Zur Kontrolle bitte Buch um 180 Grad drehen.

»ɒɒɒɒɒɒɒɒ«

# S.O.G.

Kapitel 2

AUCH S/M-PRAKTIKEN MÜSSEN **GRENZEN** HABEN!

Heute Morgen ein Fachgeschäft für Klassik-CDs aufgesucht. Stöbere eine halbe Stunde in den Regalen nach Marcellos Oboenkonzert in einer Transkription von Bach. Schwieriges Unterfangen. Unter welchem Buchstaben sucht man? Unter M wie Marcello? Unter B wie Bach? Oder unter P wie postkoitale Pausenmusik? Werde nicht fündig. Traue mich jedoch nicht, die Verkäuferin zu fragen. Was ist, wenn sie das Stück kennt? Und zwar nicht aus einem CD-Katalog, sondern aus »Shades of Grey«? Würde sie mir nicht direkt die Klamotten vom Leib reißen, weil sie mich für einen Sexgott hält? Will jegliches Risiko vermeiden und gerade gehen, als ein anderer Kunde die Verkäuferin nach genau diesem Stück fragt. Ich zucke zusammen. Für einen Moment bleibt die Zeit stehen. Doch dann reagiert die Verkäuferin normal.

»Ham wer nich.«

Der Kunde schaut mich an. Unsere Blicke treffen sich. Zwei paar Augenringe starren sich an. Wir verstehen uns. Der Mann kommt sofort auf mich zu.

»Auch S.O.G.-geschädigt?«

Erfahre, dass Holger schon länger betroffen ist. Seine Frau hat bereits vor einem Jahr das englischsprachige Original gelesen. Ein alter Hase also. Deswegen sei die CD natürlich auch nicht für ihn. Er selbst habe schon vor elf Monaten das Klavierspiel erlernt, damit seine Frau endlich Ruhe gibt und er nun genau wie Christian Grey Marcellos verficktes Blaskonzert auf dem Klavier zum Besten geben könne. Die CD sei viel mehr für Kurt, ein Neuling, der sich nicht getraut habe, im Laden danach zu fragen. Tue so, als könne ich überhaupt nicht verstehen, dass sich einer nicht traut nach einer simplen Klassik-CD zu fragen. Holger sieht mich nachdenklich an. Versuche, das Gespräch schnell in eine andere Richtung zu bugsieren, indem ich nach Kurt frage. Kurt sei einer aus der Selbsthilfegruppe. Selbsthilfegruppe? Ja, S.O.G.-Männerfrühstück. Man träfe sich einmal die Woche zum Zwecke des Erfahrungsaustauschs und um sich gegenseitig zu stützen. Ich könne ja mal vorbeikommen, wenn ich Lust hätte.

Auf meinem ersten S.O.G.-Männerfrühstück treffe ich gut ein Dutzend Leidensgenossen. Thema heute ist Ernährung. Manfred ist verzweifelt. Seitdem seine Frau ihn zwingt, sie vor dem Oralverkehr mit Schweinemett in Gestalt eines an ein Küchenbrettchen gefesselten Mettigels zu füttern, bekäme er selber kaum noch einen Bissen herunter. Er habe bereits einen Gewichtsverlust von gut 20 Kilo zu verzeichnen, von dem aber nur rund die Hälfte auf seine sexuelle Daueraktivität zurückzuführen sei. Alle verfluchen den Roman und die Scheißidee der Autorin, den Helden seine Anastasia ständig füttern zu lassen.

Auch Gerd hat große Schwierigkeiten mit dem Thema Ernährung. Es ist jedoch nicht so sehr das Füttern, sondern eher der Text, den er während der Fütterung seiner besseren Hälfte zitieren soll: »Iss!« Eigentlich kein besonders schwerer Text. Wenn man nicht gezwungen ist, ihn – wie im Roman – mit »sinnlicher Langsamkeit, wie warmen, geschmolzenen Karamell über seine Lippen fließen lassen zu lassen.«

Gemeinsam üben wir, das Wort wie warmen, geschmolzenen Karamell klingen zu lassen.

»Iiiiiiiiis! Iiiiiiiiiiiiiiiiissss!

Holger macht den Vorschlag, dazu Karamellbonbons zu lutschen. Vielleicht fließt der Text dann noch sinnlicher.

☆ SHADES OF GREY – GEHEIMES VERLANGEN  SEITE 156

»Iiiiissss! Issssisss! Isssisssisss!

Im Laufe der nächsten Stunde probieren wir alle möglichen Hilfs- und Schmiermittel aus, um den gewünschten Ausdruck in der Stimme zu erzielen. Als geeignet erweist sich schließlich Doppelkorn mit einem kleinen Schuss Ahornsirup.

»Iiiiiiiiiiisssssssssssssssssssssssssssss!«

Thomas beginnt plötzlich zu weinen. Alle Tröstungsbemühungen unsererseits (noch mehr Doppelkorn) schlagen fehl. Die Stimmung in der Gruppe ist sehr niedergeschlagen. Erst als Holger ein Exemplar des Romans in einem eigens zu therapeutischen Zwecken angeschafften Aktenvernichter zerschreddert, beruhigt sich Thomas etwas. Ihn scheint es ganz besonders hart getroffen zu haben. Seine Freundin hatte die Idee, die Spielwiese sadomasochistischer Sexualpraktiken bis in den Ernährungsbereich auszudehnen, weswegen sie ein eigenes Rezeptbuch mit speziellen BDSM-Rezepten verfasste. Thomas liest mit zittriger Stimme vor:

»Seeigelpanzer an rohem Brennnesselsalat.

Trennen Sie das Fleisch von der stacheligen Hülle und werfen es weg. Waschen Sie die Stacheln unter fließend kochendem Wasser gründlich ab. Mit rohen Händen zupfen Sie nun die frischen Brennnesselblätter vom Stängel. Dann verbinden Sie sich die Augen und hacken die Blätter mit einem scharfen japanischen Kochmesser in petersiliengroße Stücke. Waschen Sie anschließend sorgfältig Blut-,

Haut- und Fingerreste ab und geben dann die gehackten Brennnesselblätter über die Stacheln. Serviervorschlag: Nackt. Mit einer Möhre im ...«

»A U F H Ö R E N !« Gerd kann nicht mehr.

Die Gruppe beschließt, sich einem anderen Thema zuzuwenden. Der Kammer der Qualen.

Die Kammer der Qualen. Synonym für einen Raum, in dem Sexualpraktiken ausgeübt werden. Vormals auch als Schlafzimmer bekannt, dient die Kammer der Qualen seit 2012 (oder dem Jahre 1 des »Greyschen Kalenders«) ausschließlich dem Sex.

Die Einrichtung kann individuell unterschiedlich sein. Zwingend notwendig sind aber:

- 1 Andreaskreuz
- 1 von der Decke hängendes Metallgitter
- 1 Bett mit Lederbezug (hart, zum Schlafen ungeeignet)
- 1 grober Holztisch
- 1 Aufbewahrungsmöglichkeit für Schlaggeräte wie Peitschen, Ruten etc.
- 1 Holzbock und zahlreiche ins Mauerwerk eingelassene Eisenringe.

**Bevorzugte Farbgebung der Einrichtung:** rot. Die Individualität einer »Kammer der Qualen« lässt sich durch unterschiedliche Platzierung selbstgehäkelter Deckchen erreichen.

**Bekannte Vorteile:** keine.

**Bekannte Nachteile:** hohe Anschaffungskosten, großer Platzbedarf (In durchschnittlich großen Mietwohnungen entfällt oft das Schlafzimmer!) Die Folge: Schlafdefizit und hohe Hotelkosten (für den Mann). Dadurch erhöhte Gefahr der Überschuldung und des sozialen Abstiegs (für den Mann).

**Trivia:** Seit Anfang 2012 liegt ein Zusatzantrag zum vierten Genfer Abkommen vor, der beinhaltet, den Einsatz einer »Kammer der Qualen« im Haushalt zu ächten. Über den Antrag wird zurzeit noch entschieden.

*Wie kann man nun eine »Kammer der Qualen« einrichten, ohne dass sechs Monate später plötzlich Peter Zwegat vor der Tür steht?*

### Fesselbock
Im Spezialhandel sehr teuer. Preiswerte Alternative: Einfach bei Ikea ein Billy-Regal kaufen und ohne Anleitung zusammenbauen. Fertig.

### Andreaskreuz
Die Königsdisziplin. Zwei jeweils drei Meter lange Kanthölzer miteinander verdübeln. Klingt einfach, ist aber nur etwas für versierte Handwerker! Unbedingt auf den richtigen Winkel und die Anordnung der beiden Kanthölzer achten!

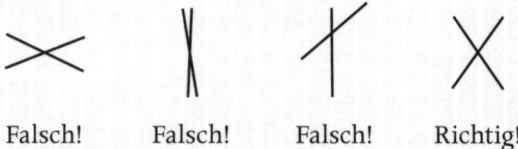

Falsch!     Falsch!     Falsch!     Richtig!

### Bett
Matratzen aus dem Doppelbett entfernen. Den so entstandenen Hohlraum verschalen und mit Beton ausgießen. Den abgebundenen Beton mit Kunstleder beziehen. (Zur Not tun es auch Gummireste, zum Beispiel Teile eines kaputten Schlauchboots oder Ähnliches.) Das Ganze dann rot lackieren. (ACHTUNG! Vor den Betonarbeiten

unbedingt Tragfähigkeit des Zimmerbodens prüfen! Bei Unsicherheit: Statiker beauftragen!)

**Brustwarzenklemmen**

Lassen sich leicht aus alten Wäscheklemmern fertigen. Einfach mit Chromlack besprühen, fertig. Falls mehr Druck gewünscht wird, lohnt sich die Anschaffung einer kleinen Grippzange. (TIPP: Eignet sich nebenbei hervorragend, um rostige Verschraubungen zu lösen!) Auch wenn die Versuchung im Baumarkt groß ist: Schraubzwingen wirken an der Brustwarze der Partnerin einen Ticken zu klobig. Außerdem birgt der Anblick einer Schraubzwinge die Gefahr, zu sehr vom Sex abgelenkt zu werden.

### Analstöpsel

Lassen sich formschön aus ein paar alten Sektkorken schnitzen. (VORSICHT! Wenn Getränke beim Sex im Spiel sind, Korken nicht verwechseln!) Für den Fall, dass die Stöpsel zu tief eingeführt werden, sollte man stets einen Korkenzieher griffbereit haben.

### Orgasmuskugeln

Hier haben sich Walnüsse bewährt. Je älter, desto besser! (Klockern schön!) Lassen sich ebenfalls leicht mit Lackspray aufpeppen. (ACHTUNG! Auch wenn es schön aussieht und heimelig wirkt: Auf keinen Fall Christbaumkugeln nehmen!)

### Schrank für Zubehör

Im Roman gibt es keinen Schrank, sondern eine Stange, an dem das Zubehör hängt. Bestehen Sie Ihrer Partnerin gegenüber aber unbedingt auf einen Schrank! Benutzen Sie Argumente, wie: »Das ist spannender. Du siehst dann nicht sofort, welche Peitsche ich benutze« oder »Die Peitschen verstauben nicht so leicht«. Hintergrund ist folgender: In einem Schrank lässt sich leicht ein kleines Fernsehgerät verstecken. So sind Sie auf der sicheren Seite, falls sich Ihre Partnerin ausgerechnet am Abend einer spannenden Champions-League-Begegnung des Romans besinnt. Schlagen Sie in dem Fall ein Fesselspiel vor. Fesseln Sie Ihre Partnerin, verpassen Sie ihr ein paar Kopfhörer

(Sie wissen schon: das Oboenkonzert), und lassen Sie sie einfach für die Dauer des Spiels so liegen. Kitzeln Sie sie ab und an am Fuß, damit sie merkt, dass Sie noch da sind. (TIPP: Als Faustregel einfach bei jedem Einwurf kitzeln. So vergessen Sie es nicht, und die Unregelmäßigkeit der Zuwendung lässt kein Misstrauen aufkommen.) Mit einem entsprechend vorbereiteten und schnell aufzuhängendem Vorhang als Blickschutz können Sie sogar ein paar Kumpels zum Spiel einladen und kommen so – zumindest für kurze Zeit – in den Genuss einer gewissen Normalität. (ACHTUNG! Anschließend unbedingt leere Bierflaschen und Chipstüten wegräumen!)

35

# Kapitel 3

# Die Rolle der Musik und ihre Fallstricke

HIS MASTERS VOICE

Musik verbindet, heißt es. Musik kann aber auch zu gro-ßen Missverständnissen führen. Nämlich dann, wenn sie fehlinterpretiert wird.

Angenommen, Sie haben eine Frau kennengelernt, die heute Abend zum ersten Mal bei Ihnen zu Gast ist. Wäh-rend Sie in der Küche das Hors d'œuvre vorbereiten (Nein, kein Stacheligel an Brennnesselsalat!), stöbert Ihre Er-oberung als musikalisch interessierte Frau in Ihrer CD-Sammlung herum. Und schon haben Sie ihn doch: den Sa-lat. Denn manch ein Musiktitel lässt – zumindest in den Augen einer »Shades of Grey«-Leserin – auf die sexuellen Vorlieben des zukünftigen Lovers schließen.

Klopfen Sie daher unbedingt vor (!) einem anstehenden Damenbesuch Ihre CD-Sammlung auf folgende Titel ab und entfernen Sie sie gegebenenfalls!

- *Das erste Mal tat's noch weh* von Stefan Waggershausen & Viktor Lazlo. (Hier ist unklar, ob mit dem »ersten Mal« eine bestimmte BDSM-Praxis oder – noch quälender – das Hören des Titels gemeint ist.)
- *Tausend rosarote Pfeile* von Caterina Valente. (Dieser Titel hat mitnichten irgendetwas mit Apachen zu tun! Wenn man davon absieht, dass er in der Gesangsstimme eine gewisse Ähnlichkeit zu deren Kriegsgeheul aufweist.)
- *Es hängt ein Pferdehalfter an der Wand* von Bruce Low. (Ich hatte schon als Kind den Verdacht, dass mit Bruce Low irgendwas nicht in Ordnung ist.)
- *Hit Me With Your Rhythm Stick* von Ian Dury. Noch kritischer, aber sehr selten in CD-Sammlungen zu finden (und dies zu Recht!): Die Interpretation von Nina Hagen.
- *Dich erkenn ich mit verbundenen Augen* von Bata Illic – mittlerweile auch vielen bekannt als »Lustiger Bosnjak«.
- *Augen zu und durch* von Wolfgang Petry. (Der Titel ist unter Insidern auch bekannt als »Freundschaftsbändchen-Bondage«!)
- *Bleeding Love* von Leona Lewis. (Bedarf keiner weiteren Erläuterung.)

Sollten Sie überwiegend Volksmusik hören, bedeutet dies nicht automatisch, dass Sie musikalisch auf der sicheren Seite sind! Ganz im Gegenteil: Im Bereich der Volksmusiktitel lauern Abgründe, an denen ein Marquis de Sade seine reinste Freude gehabt hätte.

- *Tränen der Liebe* von Ernst Mosch, (englisch: Spanking-Polka).
- *Die kloane Tür zum Paradies* von Patrick Lindner. (Gemeint ist natürlich die Tür zur Kammer der Qualen. Es übersteigt das menschliche Vorstellungsvermögen, sich auszumalen, was Patti Lindner hier mit seinem Partner anstellt!)
- *Herz-Schmerz-Polka* von Milan Petrovic und seinen lustigen Oberkrainern. (Ein Schuhplattler – auf blankem Fleisch!)
- *Solang der Leuchtturm noch steht* von Gaby Albrecht. (Kein Kommentar.)

Doch es geht noch schlimmer! Die Vorstellung dessen, was in den folgenden Titeln angedeutet wird, treibt auch einem hartgesottenen BDSM-Fan die Tränen in die Augen. Und dies nicht vor Lust.

- *Hallo Partner auf vier Beinen* von den Wildecker Herzbuben.
- *Mit der Kuh per du* von den Tonihof-Buam und …
  kaum auszudenken:
- *Der Gockel-Walzer* vom Original Alpenland Quintett.

Am unverfänglichsten erweist sich Ihre CD-Sammlung, wenn sie überwiegend Rammstein-Alben beinhaltet, wie zum Beispiel »Herzeleid«, Rosenrot« oder »Mutter«. So vermindern Sie das Risiko, von einer Partnerin fälschlicherweise für eine Art »Christian Grey« gehalten zu werden.

Christian Grey. Romanfigur von E. L. James. Hauptfigur in der Erotikreihe »Shades of Grey – Geheimes Verlangen«, »Shades of Grey – Gefährliche Liebe« und »Shades of Grey – Befreite Lust«. Geplant als Hauptfigur in den Fortsetzungen »Shades of Grey – Geheimes Geheimnis«, »Shades of Grey – Gefährliche Gefahr« und »Shades of Grey – Pflegestufe 3, die Lust an Falten«.

**Charaktereigenschaften:** keine

**Äußerlichkeiten:** Sieht unverschämt gut aus, graue Augen, hat Dauererektion, trägt oft eine sogenannte »postkoitale« Frisur, kackt Geld. Eine Art Märchenprinz des beginnenden einundzwanzigsten Jahrhunderts mit dem Unterschied, dass er auch als Nicht-Frosch noch etwas schleimig daherkommt.

**Trivia:** Über Christian Grey ist nichts bekannt, das belangloser ist als er selber.

*Viele Männer stehen nun vor der nahezu unlösbaren Aufgabe, für ihre Partnerin ein möglichst genaues Ebenbild des Romanhelden abzugeben.*

## Kapitel 4

# Wie kommt man dem gewünschten Schönheitsideal Christian Grey am nächsten?

**A Lange, sinnliche Finger**

Schwierig. Entweder man hat sie, oder man hat Wurstfinger im Format Krakauer aufwärts. Abhilfe schafft das Tragen von fleischfarbenen Gummihandschuhen in Übergröße, die man an den Fingerspitzen mit passend zugeschnittenen Bifi-Stückchen auffüllt. (TIPP: Bifi-Stückchen alle zwei Wochen wechseln! Altstücke lassen sich noch im Wurstsalat verwerten.)

**B Die »postkoitale« Frisur**

Auch schwierig. Die Aufgabe wäre beträchtlich einfacher zu lösen, wenn man wüsste, wie so eine Frisur überhaupt aussieht. Leider verschweigt uns dies der Roman. Hier gibt es zwei Möglichkeiten:

1. Eine Art Gel-Frisur, hervorgerufen durch herumfliegendes Sie-wissen-schon-was. Lässt sich faken durch

Haar-Gel oder – dauerhafter – eine Mischung aus Zwei-Komponenten-Kleber mit Schnellzement. (ACHTUNG: Nach Anrühren der Mischung innerhalb von 30 Sekunden ins Haar walken und in Form bringen! Spätere Korrekturen der Frisur sind nur mit schwerem pneumatischen Gerät möglich!)

2. Eine Art »Sturmfrisur«, hervorgerufen durch extreme körperliche Anstrengung, wiederum hervorgerufen durch extremen Sex. Lässt sich mit Haarspray vortäuschen. Billiger und weniger mit Geruchsbelästigung verbunden: Der beherzte Griff in eine offene Steckdose.

## C  Rauchgraue Augen, in denen etwas Dunkles schimmert

Vergessen Sie's. Jegliche Bemühungen, die Farbe Ihrer Augen mit Hausmitteln wie Sprühlack oder Zigarettenasche zu tunen, gehen nur ins Auge. Hier müssen Sie in den sauren Apfel beißen und farbige Kontaktlinsen kaufen. (TIPP: Lassen sich auch als Ausrede benutzen »Du, sorry, meine Kontaktlinsen müssen raus.«) Die Schwierigkeit beim Thema Augen liegt auch weniger in ihrer Farbe, sondern mehr in dem Zusatz »in denen etwas Dunkles schimmert«. Wer in Physik aufgepasst hat, weiß, dass dunkle Flächen Licht absorbieren und keinesfalls – wie im Roman behauptet – zum »Schimmern« neigen. Es gibt aber Grund zur Hoffnung. In den Vereinigten Staaten experimentiert eine Gruppe betroffener Informatik-Studenten bereits mit speziellen Kontaktlinsen, in denen LEDs eingelassenen sind. Diese lassen sich über Bluetooth mittels einer eigens entwickelten App so steuern, dass in unregelmäßigen Abständen die Augen kurz aufblitzen. (ACHTUNG! Die Benutzung etwaiger bereits im Umlauf befindlicher Prototypen kann zur Erblindung führen!)


## D  Dauererektion

An sich schon schwierig genug, wird diese Anforderung durch den  Zusatz erschwert, die Erektion solle »hart wie Stahl«, gleichzeitig aber »weich wie Samt« sein. Wer einmal versucht hat, eine Nähnadel in ein Nadelkissen aus Stahl zu stecken, weiß, wie absurd diese Forderung ist. Trotzdem gibt es Abhilfe, die zumindest im Dunkeln funktioniert. Lassen Sie sich beim Schmied ihres Vertrauens aus gehärtetem Edelstahl das Modell einer Erektion dengeln. Suchen Sie sich nun in den Gelben Seiten einen Betrieb, der sich auf katalytische Beflockung spezialisiert hat. Klingt schwer. Ist es auch. Lassen Sie dort die Terminator-Version Ihres besten Stückes mit Samt beflocken. Fertig. Kostenpunkt: ca. 2.500 bis 3.000 Euro. Hinzurechnen müssen Sie nur noch die Kosten für die Schneiderei, die Ihre Hosen mit reißfesten Textilbändern verstärkt, so dass Ihnen das 10 Kilo-Monstrum nicht ständig auf die Füße fällt, wenn Sie es vor dem Liebesspiel im Schritt verstecken. (TIPP: Sicherheitsschuhe tragen!)

**E  Innere Werte**
Können Sie vernachlässigen. Jede Tüte Popcorn hat mehr innere Werte als Christian Grey. Sollten Sie aber gegenüber dem Original einen deutlich spürbaren Überschuss an inneren Werten aufweisen, hilft der tägliche Verzehr einer Flasche Doornkaat.

# Vokabeltest

Wie nennt man den Ort, in dem Sex stattfindet?

A  Kleinhirn

B  Katholisches Landschulheim

C  Kammer der Qualen

D  Internet


Wie nennt man ein Züchtigungsgerät?

A  Neunschwänzige Katze

B  Zweiklötiger Hund

C  Einfältiger Esel

D  Acht Kostbarkeiten (Ente)


Womit lässt sich jemand an ein Bett fesseln?

A  Koma-Saufen

B  Oberschenkelhalsbruch

C  Bondage-Seil

D  Schlechtes Fernsehprogramm

Wie heißt der Fachbegriff für den »Bestimmer«
der sexuellen Aktivität?

A Papst

B Dom

C Mama

D Fernbedienung

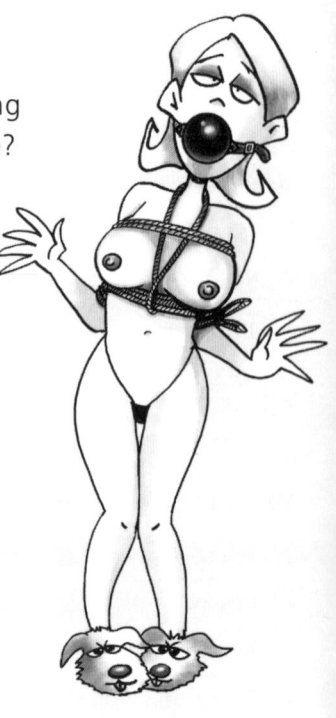

Wie nennt man die Fixierung
auf physische Gegenstände?

A Shopping

B Fetischismus

C Kapitalismus

D Sekundenkleber-Malheur

Wie nennt man jemanden,
der Lust am Schmerz hat?

A Bekloppt

B Fan des 1. FC Köln

C Masochist

D Maoist

Wie heißt der Begriff, der das zum Zwecke des Körperschmucks teilweise Verbrennen der Haut beschreibt?

A Flugschau

B Branding

C Inquisition

D Solariumbesuch

Wie nennt man das erniedrigende Spiel in der Öffentlichkeit?

A Deutschland-Schweden

B Dschungelcamp

C Public Play

D Stoiber-Rede

Wie heißt der Fachbegriff für Schlagspiele?

A Pädagogik

B Spanking

C Friedensdemo

D Dritte Halbzeit

Bilden Sie das Lösungswort aus einem Anagramm der vorhandenen Umlaute und teilen Sie das Ergebnis durch Wurzel 2*.

## Auswertung

**0 bis 3 richtige Antworten:** Sie sind eine völlige Null im Bereich der Sadomaso-Praktiken. BDSM heißt für Sie »Bin darin saumäßig mies«, und es stimmt sogar! Aber das macht Sie sympathisch.

**4 bis 7 richtige Antworten:** Sie sind talentiert! Sammeln Sie noch ein paar Fachbegriffe und schon in wenigen Wochen verfügen Sie über einen ausreichenden Wortschatz, um einen Erotik-Bestseller wie »Shades of Grey« aufs Papier zu würfeln.

**8 bis 9 richtige Antworten:** Ihr Name ist E. L. James.

**10 richtige Antworten:** Sie haben geschummelt, denn es gab nur 9 Fragen.

* Lösungswort: Schlemmerfilet.

# Kapitel 5

# Safeword

## Leserbrief

*Meine Freundin Eva wollte, dass ich sie »nach allen Regeln der Kunst« an das Bett fessele. Sie bestand mehrmals darauf, erst wieder losgebunden zu werden, nachdem sie das »Safeword« gesagt hat. Vereinbart hatten wir das Wort »Popocatépetl«, diesen Berg da auf Sylt. Jetzt liegt Eva schon seit 23 Tagen gefesselt auf dem Bett und sagt keinen Pieps, geschweige denn »Popocatépetl«! Kann ich ihr den Knebel trotzdem aus dem Mund nehmen oder verstoß ich dann gegen irgendwelche BDSM-Regeln?*
*PS. Mache mir etwas Sorgen um Evas Gesundheitszustand. Sie ist sehr still in den letzten Tagen.*

Safeword. Das Safeword ist ein im Bereich der BDSM-Sexualpraktiken verwendetes Signalwort, mit dem der Partner zum Ausdruck
bringen kann, dass er jetzt genug hat. (Vergleichbar dem Signalwort »Sssszahlen!«, mit dem der Mann in der Kneipe anzeigt, dass
er jetzt genug hat.)
Es empfiehlt sich, ein Safeword zu wählen, das man sich gut merken kann. Das Wort »Llanfairpwllgwyngyllgogerychwyrndrobwll-
llantysiliogogogoch« (Gemeinde im Nordwesten von Wales) ist
demnach nur bedingt geeignet.
Als etwaige Merkhilfe bietet sich ein Satz an, den man sich leicht
einprägen kann. Die jeweils ersten Buchstaben der Wörter im Satz
ergeben dann zusammen das Safeword.

**Beispiel:** »Die dicke Diana drangsaliert daheim denkbar devot
Dirks dänischen Dödel« steht für das Safeword »Dddddddddd«.

**Besonderheiten:** Ist der Partner aufgrund einer Knebelung massiv
am Aussprechen des Safewords gehindert, so kann er auch versuchen, dieses – soweit es die Fesselung zulässt – pantomimisch dar-
zustellen. (Ehemalige Waldorfschüler genießen hier einen Vorteil!)
Hier eignen sich leicht darstellbare Safewords wie: Hund, Katze,
Maus, Ball, Zitrone.
Das bei Passwörtern aus Gründen der Sicherheit befürwortete
wöchentliche Wechseln des Codeworts empfiehlt sich bei Safewords ausdrücklich nicht. Auch stellt es kein Sicherheitsrisiko dar,
wenn das Safeword auf einer EC-Karte notiert wird – solange das
Safeword nicht gegen die guten Sitten verstößt und solange die

EC-Karte nicht zum Zwecke der Bargeldabholung in der Bank einem Kundenberater vorgelegt wird.

**Trivia:** Eva Braun, die Geliebte Adolf Hitlers, löste am 1. September 1939 gegen 4 Uhr 45 versehentlich den Zweiten Weltkrieg aus, als sie während eines Liebesaktes in den Räumlichkeiten der Reichskanzlei das mit dem Diktator vereinbarte Safeword »Zum Angriff!« laut hinausschrie.

# Safewords bekannter Persönlichkeiten

- »Mehr Licht!« – Johann Wolfgang von Goethe
- »E=mc²!« – Albert Einstein
- »Coooooookies!« – Krümelmonster
- »Ähhhhh!« – Edmund Stoiber
- »Foul!« – Béla Réthy
- »Ge-ge-e-jo-jo uhh la-la hmm!« – Aura Dione
- »Winke-Winke!« – Laa-Laa
- »Das Seiende im Sein des Daseins ist das Seiende im Sein des Seienden!« – Jean-Paul Sartre
- »                    « – Daniela Katzenberger
- »Kawumm!« – Mohammed Atta

# Kapitel 6

# Kurzer Ausflug in die Geschichte

Auch wenn die meisten betroffenen Männer es nicht wahrhaben wollen: BDSM ist keine Erfindung der Autorin E.L. James, sondern geistert beträchtlich länger in den Köpfen der Menschen herum, als viele denken.

BEREITS IN DEN ERSTEN JAHREN unserer Zeitrechnung gibt der Apostel Andreas den entscheidenden Impuls zur Entwicklung des nach ihm benannten Andreaskreuzes und testet es unter römischer Mitarbeit ausgiebig am eigenen Leib. Seine Tests hinterlassen der Nachwelt unter anderem die wertvolle Erkenntnis, dass die Fixierung am Kreuz mittels Lederbändern erheblich lustvoller sein kann, als die mittels Nägeln.

79 N. CHR. Im neu erbauten Kolosseum finden die ersten öffentlichen »Petgames« statt.

1227 Papst Gregor der Neunte feiert mit der Einführung der päpstlichen Inquisition die Geburtsstunde des Branding. Nebeneffekt: Die Streckbank wird weiter entwickelt und avanciert zum Exportschlager. (Später sorgten amerikanische Streitkräfte während des Vietnamkrieges für ein unerwartetes Comeback des Branding.)

1492 Christoph Kolumbus lässt sich bei Bondagespielen auf See ans Steuerrad der »Santa Maria« fesseln. Das so blockierte Ruder sorgt im

Verlauf der weiteren BDSM-Party für die zufällige Entdeckung Amerikas.

**1789** Der französische Arzt und Freund ausgefallener Doktorspiele, Joseph-Ignace Guillotine, experimentiert mit einer Spielart des Fesselbocks und erfindet so die Guillotine. Viele BDSM-Anhänger sind völlig aus dem Häuschen und verlieren vor Freude den Kopf.

**1885** Zar Alexander der Dritte schenkt seiner Gattin Maria Fjodorowna zu Ostern ein Fabergé-Ei. Noch in derselben Nacht entdeckt die aufgeweckte Zarin eine entspannende Nebenfunktion des eigentlich nutzlosen Schmuckstückes. Am nächsten Morgen erblickt die erste Orgasmus-Kugel das Licht der Welt.

**1912** Der russische Wunderheiler Grigori Jefimowitsch Rasputin erregt Aufsehen in der Zarenfamilie, weil er zur Atemkontrolle seiner Partnerin nicht – wie bis dahin geläufig – ein Tuch oder ein Seil benutzt, sondern seinen Bart.

**1961** Walter Ulbricht lässt im August den Ostteil Berlins einmauern und erschafft damit die größte jemals erbaute »Kammer der Qualen«.

1967 Der Niederländer Hendrik Nikolaas Theodoor
Simons – besser bekannt als Heintje – veröffentlicht
eine bis dato völlig unbekannte Methode der
akustischen Folter: »Heidschi Bumbeidschi«. Im
Laufe der Jahre finden sich auf diesem Gebiet viele
Nachfolger: »Obladi Oblada, »Da Da Da« oder »Humba
Humba Täterä«, alles Titel, die heute noch in der
BDSM-Praxis gerne und erfolgreich benutzt werden,
um einen klar definierten Zweck zu erfüllen: die
Beleidigung des menschlichen Ohres.

1981 Frank Elstner erfindet »Wetten dass?« und
legt damit den Grundstein für eine neue Form der
Lust: der Lust am Umschalten. (Im BDSM-Jargon auch
»Switch«, gleich häufiges Wechseln, genannt.)

1985 »Bumm Bumm« Boris Becker führt die »Becker-
Faust« ein und macht damit »Fisting« auch im
»Weißen Sport« gesellschaftsfähig.

1987 Mit Erscheinen des Rosamunde-Pilcher-Romans
»Die Muschelsucher« erhält BDSM eine neue Dimension:
Die literarische Folter. Zahlreiche Nachahmer
schwimmen auf dieser Welle mit. Utta Danella, Peter
Sloterdijk und nicht zuletzt auch die Autorin des
Buches, dem wir den ganzen Schlamassel zu verdanken
haben: E.L. James.

# Kapitel 7

# S.O.G., die Zweite

Wieder beim S.O.G.-Männerfrühstück. Üben heute an Perücken, wie man Zöpfe flechtet. Christian Grey ist ein Meister in dieser Disziplin. Wir nicht. Markus hat es am schwersten von uns. Seine Frau trägt einen Bubikopf. In ihren Augen kein Hinderungsgrund für ein paar schöne lange Zöpfe. Ein Mann wie Christian Grey kann wahrscheinlich sogar aus einer Fleischmütze noch Zöpfe zwirbeln. Einhändig. Mit der anderen Hand begleitet er sich dazu auf dem Klavier. Bach. Und während die Melodie wie geschmolzener Karamell durch den Raum fließt, klopft seine samtene Stahlerektion gefühlvoll den Takt mit. Im 24/7tel Takt.

Spüre ein starkes Bedürfnis, ein Exemplar des Romans zu schreddern. Doch es ist erst neun Uhr. Normalerweise schreddere ich mein erstes Exemplar nie vor elf. Das ist wie mit dem Rauchen. Denke gerade über eine Ausnahme nach, als Thomas mit ein paar Aktenordnern im Arm hereinstürmt. Thomas ist aufgeregt. Er sähe Licht am Ende des Tunnels. Bin beunruhigt. Welches Licht meint er? Das einer Nahtoderfahrung?

Thomas knallt seine Aktenordner auf den Tisch. Er hätte seinen Vertrag nochmal studiert. Im Paragraph neun, Absatz drei sei ihm ein Passus aufgefallen, den man vielleicht zu Gunsten des Mannes auslegen könnte. Thomas liest:

»Vorbehaltlich dieser Bedingung muss die Sub dem Dom in allen Dingen blablabla … der in diesem Vertrag oder zusätzlich unter Punkt drei vereinbarten Bedingungen, Beschränkungen und Sicherheitsbestimmungen blablabla... Ah! Hier ist es: ... erfüllt sie alle Wünsche des Dom und akzeptiert sie ohne Nachfrage oder Zögern«.

Wir schauen uns an. Jeder von uns kennt diesen Vertrag. Eine Art Vereinbarung zwischen zwei Sexualpartnern, in der festgelegt wird, was geht und was nicht. Normalerweise würde man so eine Vereinbarung auf einen Bierdeckel bekommen. Nicht jedoch in »Shades of Grey«. Hier umfasst das Werk schlappe 11 Seiten. Ohne Anhänge! Es gibt mit Sicherheit Länder, deren Strafgesetzbuch kürzer ist.

Thomas lässt nicht locker.

»Das heißt doch, dass die Sub, also meine Sabine, dem Dom, also mir, alle Wünsche erfüllen muss! Alle! Also auch den Wunsch endlich aufzuhören mit diesem … widerwärtigen scheiß verfick …«

Der Rest seines verbalen Niveau-Limbos geht im Geräusch eines Schredders unter.

Manfred steht in unserer Deeskalationsecke – so haben wir den Platz mit dem Schredder getauft – und schaut uns müde an.

»Vergesst es!«

Manfred erzählt, er hätte seinen 63er Jaguar E-Type versilbert, um von einem angesehenen Münchner Anwalt zu erfahren, dass der Greysche Sexvertrag absolut wasserdicht sei. Gegen dieses Machwerk habe das Grundgesetz Löcher so groß wie ein Cockring.

Das kann sein. Ich kenne genügend Männer, die sich gezwungen sahen, einen teuren Anwalt zu konsultieren, um überhaupt verstehen zu können, was ihnen ihre Partnerin da für einen Schriftsatz vorgelegt hat. Und ich kenne Frauen, die mithilfe eines noch teureren Anwaltes sogar eine Schlechtwetterklausel haben einbauen lassen. Regen? Ab in die Kammer der Qualen!

Thomas ist schockiert.

»Und jetzt?«

»Fahre ich einen 94er Golf.«

Pause. Schweigende Männer begeben sich gesenkten Hauptes in die Deeskalationsecke. Eine Schlange bildet sich. Ich bin Nummer sechs. Das monotone Geräusch des Schredders hat eine beruhigende Wirkung. Meine Gedanken schweifen ab. Bin plötzlich im Roman. Vor mir steht Christian Grey. Im Bademantel. Auf einmal hab ich einen Revolver in der Hand. Der Lauf sieht aus wie ein Dildo. Rosa. Mit Nüppel drauf. Christian lächelt. Ich schieße fünf Mal. Christian lächelt immer noch. Er öffnet seinen durchlöcherten Bademantel. Darunter trägt er einen hautengen Lackleder-Body.

»Kugeldicht!«

Wow! Der Mann kann noch andere Worte als die rund zwei Dutzend, die man von ihm aus dem Roman kennt. Schieße wieder. Diesmal auf seine lacklederfreien Körperteile. Aus seiner Körpermitte schießt eine gigantische, rotleuchtende Erektion, die meine Kugeln wie ein Laserschwert abwehrt. Querschläger sirren durch die Luft.

Plötzlich ein Schrei. Neben mir steht eine mannsgroße Scheibe Toast. Nackt, mit Zöpfen.

»Christan! Oh nein! Mein Gott! Oh Christian! Gott! Nein! Christian! Oh, mein Gott!«

Das muss Anastasia sein.

Der Toast läuft rot an.

Es ist Anastasia.

Christian öffnet den Mund und einige Karamellbonbons fallen heraus. Die Karamellbonbons bilden im Raum eine Art Sprechblase, in der zu Lesen steht:

»Nimm sie! Anastasia gehört dir!«

Plötzlich sind wir in der Kammer der Qualen. Ich sehe mich selbst, nackt an ein Andreaskreuz gefesselt. Weitere Karamellbonbons verlassen Greys Mund.

»Wenn du sie <u>nicht</u> nimmst, werde ich <u>dich</u> nehmen!«

Sehe, wie er auf mein gefesseltes Pendant zugeht. Einen riesigen Analstöpsel in der Hand. Mit dem Ding könnte man im Golf von Mexiko ein Erdöl-Leck stopfen. Muss mich retten! Springe auf Grey zu und versuche, ihn in einen gigantischen Schredder zu pressen, der plötzlich aus dem Boden fährt. Christian lacht.

»Nimm Sie! Du bist dran!«

»NEIN! NIEMALS!«

»Du bist dran! Nimm!«

»NEIN!«

»He! Was ist denn? Du bist dran!«

Schaue irritiert Thomas an, der mir mit besorgtem Blick ein Exemplar des Romans hinhält und auf den Schredder zeigt. Es muss was passieren!

# Wie man sich eine Auszeit nimmt oder was man anstellen muss, damit einen die Partnerin mal in Ruhe lässt.

- Infizieren Sie sich mit einer Krankheit, die es zwingend notwendig macht, Sie für mindestens sechs Wochen in Quarantäne zu stecken. (TIPP: geeignete infektiöse Substanzen wie Ebola-Viren oder Milzbranderreger erhalten Sie im Internet kostengünstig unter www.al-kaida-shop/zubehoer.af) Sie werden feststellen, selbst der Aufenthalt unter einem Sauerstoffzelt wirkt wohltuend im Vergleich zum Aufenthalt in der Kammer der Qualen. (ACHTUNG! Drücken Sie gegenüber Ihrer Partnerin nicht zu sehr auf die Tube, was die Schwere Ihrer Krankheit angeht! Mitleid ist das Letzte, was Sie gebrauchen können und verschlimmert Ihre Lage nach der Genesung deutlich!)

- Erzählen Sie Ihrer Partnerin, dass sie unbedingt nach Kenia müssen. Als Grund geben Sie an, sich auf einer dortigen Fairtrade-Sex-Messe nach neuem Spielzeug für sie umsehen zu wollen. (Potenzielle Angebote wie Schlagpaddel aus getrockneten Kakteen, Dildos mit Krokodilledernoppen oder ähnlich Unappetitliches sollten sie überzeugen.) In Kenia angekommen, buchen

Sie die billigste afrikanische Airline für einen Inland-flug und fliegen solange hin und her, bis die Möhre abstürzt. (Zwei Flüge reichen im Schnitt.) Das Bergen der Überlebenden dauert in diesen Regionen in der Regel vier bis sechs Wochen. Zeit für Sie, sich zu erholen! (TIPP: genügend Trinkwasser mitnehmen! An Sonnencreme denken!)

- Einfacher, aber riskanter: Fliegen Sie nach Mali, wandern Sie in einem Uncle-Sam-T-Shirt Amerikafähnchen schwenkend durch die Sahara und lassen Sie sich entführen. (ACHTUNG! Aufenthalt kann länger dauern! An ausreichend Lesestoff denken!)

- Nur für Hartgesottene: Stellen Sie jegliche Körperpflege ein. (TIPP: Falls Sie nicht wissen, was Körperpflege ist, brauchen Sie ihre Gewohnheiten nicht zu ändern.)

- Tun Sie im Beisein Ihrer Partnerin so, als würden Sie »Shades of Grey« lesen. Rollen Sie dabei ab und zu mit den Augen und sagen Sie Sätze wie: »Nein, so was!«, »Junge, Junge!« oder »Was für ein Kerl!«. Ihre Partnerin wird zunächst entzückt sein. Dann konfrontieren Sie sie mit dem Geständnis, sich soeben unsterblich in Christian Grey verliebt zu haben. (TIPP: Falls Ihre Partnerin Ihnen zunächst nicht glaubt, wirken

dezent in der Wohnung platzierte Visitenkärt-
chen von Gay-Clubs mitunter Wunder.)

- Auch wenn viele Männer immer noch glauben, durch
den Weg ins Gefängnis zur Ruhe kommen zu können
(prominentes Beispiel: Jörg Kachelmann), empfiehlt es
sich nicht, eine Straftat zu begehen! In vielen Gefäng-
nissen kommen Sie vom Regen in die Traufe. Mit dem
entscheidenden Unterschied, dass die Frauen, die Ihnen
hier begegnen, männlich sind und im Schnitt aus 120
Kilo testosteronangereicherter Muskelmasse bestehen.
(TIPP: Falls es zu spät ist und der Haftbefehl
bereits vorliegt: an ausreichend Seife denken!)

Sollte Ihnen das alles zu kompliziert erscheinen und
kommt es Ihnen vielleicht nur auf ein paar Tage Ruhe an,
empfiehlt sich Folgendes:

- Stellen Sie sich tot. (TIPP: Valium kann hierbei Ihre
schauspielerischen Fähigkeiten deutlich unterstützen! Aber achten Sie auf die Menge!)
Vergessen Sie nicht, vorher testamentarisch zu verfügen, dass Sie ausdrücklich keine Feuerbestattung wün-
schen. Für den Fall, dass Sie nach fünf Tagen wohltuen-
der Ruhe in einer kleinen dunklen Kiste wach werden,
empfiehlt es sich, ein Handy mit aufgeladenem Akku
mit sich zu führen. Sonst wird's eng.

# Leserbrief

*Meine Frau möchte, dass ich ein ebenso spannendes Geheimnis habe wie Christian Grey. Auf meine Frage, welches Geheimnis sie denn meine, antwortete sie nur, das könne sie nicht sagen, es sei ja geheim. In meiner Funktion als Innenminister der Bundesrepublik Deutschland habe ich als Geheimnisträger im Vergleich zum Durchschnitt der Bevölkerung sicherlich einiges an Geheimnissen vorzuweisen. Aber egal, was ich meiner Frau anbiete, ob V-Mann Listen, Überwachungsprotokolle des Verfassungsschutzes oder sogar die ganze Zentraldatei (von der noch nicht mal der ›Spiegel‹ weiß!) – nichts stellt meine Frau zufrieden. Was kann ich noch tun?*

███████████*, *Bundesminister des Inneren*

---

\* (vom Autor geschwärzt)

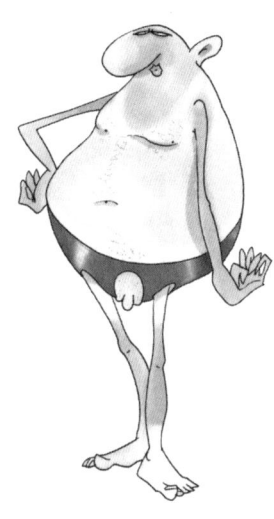

**Kapitel 8**

# Das Geheimnis des
# Christian Grey

Christian Grey ist irgendwann, irgendwo mal irgendwas passiert, was irgendwie für Frauen irre spannend ist. Dagegen kackt der Normalmann mit einem Geheimnis der Klasse »Ich habe schon mal gekifft« oder »Ich hab an Karneval sogar mal einen Mann geküsst« gnadenlos ab. Welche Geheimnisse können wir also auftischen, um wenigstens in diesem Bereich in die Nähe der Premium-Marke Grey zu gelangen?

- Sie sind von Aliens entführt worden und haben im Weltall zusammen mit Elvis Presley, Freddie Mercury und Michael Jackson auf Bachs Oboenkonzert gejammt.

- Sie sind von Aliens entführt worden und haben aus dem Weltall das Patentrezept für ewige Schlankheit mitgebracht, dürfen es aber nicht verraten.

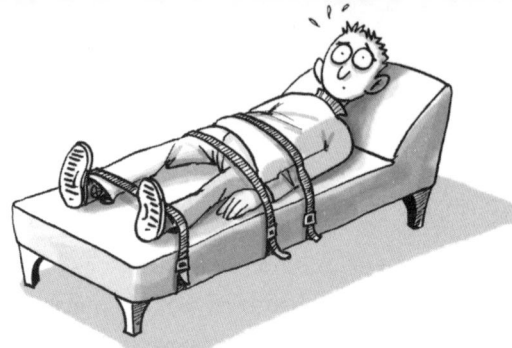

- Sie sind von Aliens entführt worden, sind immer noch im Weltall und das, was gerade Ihrer Partnerin gegenübersitzt, ist nur ein Hologramm.

- Sie sind <u>nicht</u> von Aliens entführt worden, kommen aber trotzdem aus dem Weltall und heißen Alf.

Was auch immer Sie tun, machen Sie niemals (!) den Fehler und geben Sie Ihrer Partnerin gegenüber vor, dass Ihnen mal etwas ganz irre Grausames passiert sei. Etwas Furchtbares, Entsetzliches, Widerliches und Ihnen würde regelrecht schlecht, wenn Sie nur daran dächten, Sie könnten sich allerdings nicht mehr genau erinnern, was es eigentlich war. Mit diesem Geheimnis werden Sie dem Anspruch Ihrer Partnerin zwar gerecht, es wird mit Sicherheit aber auch die Hobbypsychologin in ihr wecken. Die Folge: Sie werden die wenige Freizeit, die Sie haben, zum Zwecke der Trauma-Analyse auf dem Sofa liegend verbringen und wenn Sie richtig viel Pech haben, zaubert Mademoiselle Freud sogar noch Dinge aus Ihnen hervor, die Sie tatsächlich lieber vergessen hätten.

DOM: Als »Dom« bezeichnet man den beherrschenden Partner in einer Beziehung. Das Gegenteil des Dom ist der Sub, also derjenige, der beherrscht wird. (Früher auch Gatte genannt.) Die Existenz eines Dom ist zwingend vom Vorhandensein eines Sub abhängig. Wenn es niemanden zu beherrschen gibt, kann man auch nicht herrschen. (Prominentes Beispiel: Muammar al-Gaddafi.)

**Spezifizierungen:**

- Femdom – steht für die Beherrschung durch die Frau.
- Maledom – steht für die Beherrschung durch den Mann.
- Domdom – steht für die Beherrschung durch das gemeinsame Kind, das gerade sprechen lernt und nach Bonbons schreit.

**Bekannte Dom-Sub-Paarungen:**

(Der Dom steht jeweils an erster Stelle)

- Angela Merkel – Andonis Samaras
- Bauer Heinrich – Schaf-Flöckchen
- Tine Wittler – irgendeine arme Sau, die einfach in Ruhe weiter wohnen möchte

**Trivia:** Dom-Sub-Verhalten gibt es auch in der Tierwelt. Es wurde vereinzelt zwischen afrikanischen Elefanten (Dom) und Waldameisen beobachtet.

*Wie schult man nun als angehender »Christian Grey«
sein Bewusstsein als DOM? Folgende Übung soll helfen,
den Mann behutsam an seine neue Rolle als Bestimmer
heranzuführen.*

## Übung: Wie werde ich zu einem Dom?

- Ein richtiger Dom spricht immer aus, was er als Nächstes zu tun beabsichtigt. In »Shades of Grey« lesen wir daher sehr häufig den Satz: »Ich werde dich jetzt ficken!« Üben Sie dies im Alltag. Zum Beispiel an der Supermarktkasse. (TIPP: Sagen Sie hier **nicht:** »Ich werde dich jetzt ficken!«!) Beginnen Sie mit leichten, unverfänglichen Sätzen wie: »Ich werde jetzt bezahlen und meine EC Karte durch den Schlitz des Kartenterminals ziehen!« Auch wenn man Sie dumm anguckt: Versuchen Sie unbedingt, Ihrer Stimme dabei einen harten, keinen Widerspruch duldenden Ausdruck zu verleihen. (ANMERKUNG: Diese Übung führt unter vielen Betroffenen zu Kontroversen, da nicht klar ist, ob man auch die Absicht, den Satz zu sagen bereits aussprechen soll. Also: »Ich werde jetzt sagen, dass ich bezahlen werde!« Konsequent zu Ende gedacht hätte dies unendlich lange Sätze zur Folge wie: »Ich werde jetzt sagen, dass ich anschließend sagen werde, dass ich sage ...« und so weiter. Aus genau diesem Grund liegt übrigens der Verdacht nahe, dass Reinhold Beckmann diese Übung nicht unbekannt sein dürfte.)

- Es gibt Situationen, in denen das Verbalisieren der beabsichtigten Tat in Bezug auf ihre Realisation eher kontraproduktiv ist. Beispiel: »Ich werde jetzt blitzschnell auf den Bürgersteig springen, um nicht von dem Betonmischer überfahren zu werden, der mit 70 Sachen auf mich zurast und nur noch wenige Meter ... AUA!« Nach einer kleinen Eingewöhnungsphase im ein oder anderen Krankenhaus werden Sie aber das richtige Gespür für die passende Situation entwickeln.

- Dom sein bedeutet, Macht über ein Lebewesen zu haben. Auch dies lässt sich üben. Beginnen Sie mit einem Lebewesen, das Ihnen wenig entgegenzusetzen hat. Zum Beispiel eine Topfpflanze. Stellen Sie die Pflanze vor sich auf den Tisch. Schauen Sie das Gewächs ernst an und sagen Sie: »Wachse!« Nach einer Pause wiederholen Sie: »Ich befehle dir, zu wachsen!« Bereits nach ein paar Tagen werden Sie ein Erfolgserlebnis verspüren, weil Sie registrieren, dass die Pflanze Ihrem Befehl gehorcht und tatsächlich wächst! (TIPP: Schnellwachsende Pflanzen wie Bambus nehmen. Von Gewächsen wie Eichen, Mammutbäumen oder mexikanischen Riesenkakteen ist abzusehen! Lässt sich zur Not auch mit anderen Lebensformen üben. Zum Beispiel Pilzkulturen im Kühlschrank oder am Fuß.)

- In der nächsten Stufe geht es darum, Macht über ein tierisches Lebewesen auszuüben. Tauschen Sie dazu die Topfpflanze gegen ein Goldfischglas aus. Fixieren Sie den Goldfisch einen Moment lang und befehlen Sie ihm dann: »Schweig!« Schon nach wenigen Augenblicken werden Sie merken, wie das berauschende Gefühl übermenschlicher Macht durch ihre Adern strömt. (ACHTUNG! Nicht übermütig werden! Der Befehl »Schweig!« an eine angreifende Deutsche Dogge gerichtet, wirkt schnell deplatziert. Passender hier: »Hilfe!« oder »Benötige Bluttransfusion!«.)

- Jetzt geht es ans Eingemachte. Tauschen Sie das Goldfischglas gegen Ihre Partnerin aus. Spielen Sie mit Ihrer Macht, indem Sie ihr zunächst Dinge befehlen, die
sie so schnell nicht abschlagen wird. Sagen Sie: »Ich
will, dass du mit meiner Kreditkarte solange Manolo
Blahnik-Schuhe im Internet bestellst, bis entweder die
Schuhe alle sind oder mein Geld!« Wichtig: Hier müssen Sie Ihren Worten unbedingt Taten folgen lassen,
sonst verlieren Sie an Glaubwürdigkeit! Bleiben Sie am
Ball, damit Ihre Partnerin Zeit hat, sich an die neuen
Umstände zu gewöhnen! Täglich ein Befehl der Kate-
gorie »Ich wünsche, dass du auf meine Kosten deine
Freundinnen auf ein Wellnesswochenende im Burj al
Arab einlädst!« lässt Ihre Partnerin bereits nach 14 Tagen weich werden wie Wachs! (TIPP: Eine Liste ost-
europäischer Sofortkreditunternehmen, die
auch ohne Schufa-Auskunft kurzfristig auftretende Finanzierungsprobleme unbürokratisch
und diskret lösen, finden Sie im Internet unter
www.knorpelknack.ru.)

- Ein Dom zu sein, heißt auch, Macht über sich selbst
zu haben, seine Gefühle und Triebe beherrschen zu
können. Auch dazu gibt es eine kleine, sehr beliebte
und überaus wirksame Übung. Kaufen Sie einen Kasten Bier Ihrer Wahl. Trinken Sie zügig alle Flaschen bis
auf eine leer. Die letzte Flasche stellen Sie ungeöffnet

auf den Tisch. Widerstehen Sie nun dem Drang, auch diese Flasche zu leeren. Sie werden sehen, es ist gar nicht so schwer. Zur Not wiederholen Sie die Übung mit einem zweiten Kasten. Spätestens jetzt sollte sich der Erfolg einstellen. (TIPP: Der infolge der Übung auftretende starke Harndrang lässt sich zu einer weiteren Übung nutzen. Widerstehen Sie auf dem Klo der Gewohnheit, sich hinzusetzen – selbst wenn Sie kaum noch stehen können. Diese Übung wird ihr Selbstbewusstsein zuverlässig stählen und Ihrer Partnerin gleichzeitig plastisch vor Augen führen, wer in Zukunft die Hosen anhat!)

- Macht heißt Kontrolle. Üben Sie diese über Ihre Partnerin aus wann immer Sie können. Rufen Sie sie alle zwei Minuten an und fragen Sie, wo sie sich gerade aufhält. Auch wenn sie seit drei Stunden neben Ihnen auf der Couch sitzt, Ihre Partnerin muss spüren, dass Sie immer darüber informiert sind, was sie gerade tut! Überraschen Sie sie mit ihrem Wissen. Wecken Sie ihre Partnerin nachts und sagen Sie: »Ich weiß, dass du gerade neben mir im Bett liegst!« Eine Stunde später wecken Sie sie erneut und sagen: »Ich weiß, neben wem du vor einer Stunde im Bett gelegen hast!« Lassen Sie das Handy Ihrer Partnerin orten und führen Sie ein minutiöses Protokoll über die jeweiligen Aufenthaltsorte. Fertigen Sie ein grafisches Bewegungsprofil an. Sie werden staunen, was Sie auf diese Art über Ihre Partnerin erfahren können! Hier zwei Beispiele:

BEWEGUNGSPROFIL HEIDI KLUM

BEWEGUNGSPROFIL WHITNEY HOUSTON

## Schnelltest: Bin ich ein Dom?

Sie treffen Ihre Partnerin zufällig in Begleitung eines verdammt gutaussehenden, Ihnen unbekannten Mannes. Was sagen Sie als Dom?

A  Ich werde dich jetzt ficken!

B  Ich werde dich jetzt ficken! (zum Begleiter)

C  Och, menno! (zu sich)

## Auswertung:

**Antwort A:** Gratulation! Sie sind das Dum-Dum-Geschoss unter den Doms!

**Antwort B:** Nicht schlecht! Allerdings sollten Sie Ihre sexuelle Ausrichtung sorgfältig hinterfragen. (Kurztest: Finden Sie den Namen Guido erotisch?)

**Antwort C:** Sie sind eine Niete! Eine Null! Ein Nichts! Ein Garnichts! Sie tragen nachts immer noch den Schlafanzug, den Mama Ihnen anlässlich Ihres ersten feuchten Traumes behutsam in die Finger gedrückt hat. Ekelhaft! Zum Kotzen! Mann! Reißen Sie sich doch mal zusammen und zeigen Sie endlich mehr Selbstbewusstsein, Sie Würstchen! Zurück zur Seite eins und nochmal von vorne lesen, aber dalli, sonst geht's heute ohne Fernsehen ins Bett! Mann, Mann, Mann, Mann, Mann! Was für eine Pfeife!

## 9. Kapitel
# Die innere Göttin

Die innere Göttin: Bei der »inneren Göttin« handelt es sich um irgendeine Stimme im Inneren Anastasia Steels, die ihr ständig sagt, was sie tun soll oder nicht. Es ist aber nicht ihr Unterbewusstsein. Dieses spricht nämlich auch zu ihr und sagt, was sie tun soll oder nicht. So ist mitunter in den unendlichen Weiten ihres Hirns ziemlich was los an Unterhaltung; bilaterale Verhandlungen finden statt zwischen der inneren Göttin *(Tu es, Anastasia!)*, dem Unterbewusstsein *(Lass es, Anastasia!)* und Anastasia selbst

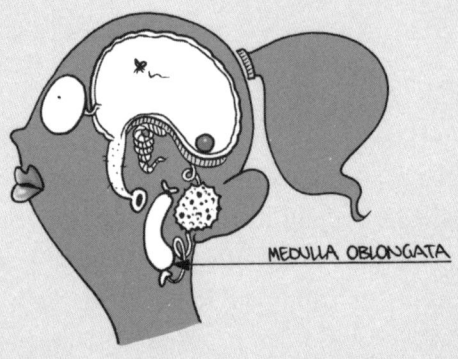

MEDULLA OBLONGATA

*(Oh, mein Gott!)*, was – wenn alle durcheinander reden und sich zu allem Überfluss auch noch Anastasias »Medulla oblongata« zu Wort meldet – erklären könnte, warum Anastasia überwiegend nur Worthülsen auf ihre Mitmenschen loslässt. (Anmerkung: Die Medulla oblongata stellt den hintersten Teil des Hirns dar und regelt Dinge wie Atmung, Saugreflex und Blutdruck. Warum ausgerechnet dieser Teil des Hirns zu Anastasia spricht, bleibt für immer ein Geheimnis der Autorin. Wahrscheinlich ist aber, dass die anderen Teile des Hirns mangels Niveau keinen Bock mehr auf eine Unterhaltung haben. Ebenso ungeklärt bleibt, warum Anastasias schätzungsweise 200 Worte umfassender Wortschatz ausgerechnet »Medulla oblongata« als einziges Fremdwort aufweist.)

**Trivia:** Obwohl die innere Göttin seit Erscheinen der Romantrilogie immer mehr Anhängerinnen bekommt, ist der Kult um sie offiziell noch nicht als Weltreligion anerkannt. Allerdings werden bereits Pläne erwogen, eine Art Kirchensteuer für sie einzuführen.

Was haben Männer nun mit der inneren Göttin zu tun? Zunächst einmal gar nichts. Die innere Göttin kann im Hirn einer Frau so viel plappern, wie sie will. Der Mann kriegt davon ja nix mit. Und selbst wenn, würde er das tun, was er normalerweise bei solchen Gelegenheiten immer tut: weghören. Kritisch wird es dann, wenn die innere Göttin als Grund für irgendwelche Sauereien herhalten muss, die der Mann auf einmal mit seiner Partnerin anstellen soll. Die ist dann nämlich fein raus nach dem Motto: »Sorry, hab ich mir nicht ausgedacht, war meine innere Göttin«.

*Wie reagiert man also auf diese neue Mitbewohnerin, die einem plötzlich ins Sexleben pfuscht und dafür noch nicht mal Miete bezahlt?*

## Der Exorzismus der inneren Göttin

Suchen Sie den »inneren Gott« in sich. Falls Sie ihn finden, wecken Sie den faulen Sack und fordern ihn unmissverständlich auf, Sie im Kampf gegen sein weibliches Pendant zu unterstützen. Er könnte sich zum Beispiel mit seiner Gegnerin an einen Tisch setzen und diesen ganzen Humbug um »Shades of Grey« einmal gründlich ausdiskutieren. Dies wird die innere Göttin so in Beschlag nehmen, dass sie überhaupt keine Gelegenheit mehr findet, Ihrer Partnerin irgendwelche ekelhaften Flausen in den Kopf zu setzen. Sie und Ihre Partnerin hätten in dieser Zeit zumindest mal die Gelegenheit, etwas Schönes zu unternehmen. Zum Beispiel ganz normalen, guten, dreckigen Sex.

Falls Sie keinen inneren Gott in sich antreffen, braucht Sie das nicht zu beunruhigen. Entweder er nimmt gerade seinen Jahresurlaub oder er befindet sich bereits im Vorruhestand. In dem Fall erfinden Sie einfach ihren inneren Gott – nennen wir ihn der Einfachheit halber Kurt – und beginnen in Anwesenheit Ihrer Partnerin einen lebhaften Dialog mit ihm.

Sie: »Sag mal, Kurt. Worauf hab ich denn heute Abend Lust?«

Kurt: »Sauftour?«

Sie: »Klingt nicht schlecht, Kurt. Wo du nur immer deine Ideen herholst! Hammer!«

Kurt: »Du kannst mir ja gleich einen ausgeben.«

Sie: »Gerne, aber wenn wir bölken gehen, was sag ich dann der Beate?«

Kurt: »Will die etwa schoooon wieder in die Kiste?«

Sie: »Jap!«

Kurt: »Dann sag ihr, du würdest auch gerne vögeln, aber dein innerer Gott hat leider Durst.«

Sie: »Cool, mach ich!«

Kurt: »Prima. Ich geh dann schon mal vor.«

Nach zwei, drei Dialogen dieses Schnittmusters wird Ihre Partnerin einer der beiden folgenden Gedanken durch den Kopf gehen:

A:    Sie hält Sie für total bekloppt.

B:    Sie hält sich für total bekloppt.

Variante A kann ins Auge gehen! (TIPP: Widerspruchs-formulare gegen eine Betreuungsverfügung können Sie herunterladen unter www.graue-panther.com)

Bei Variante B haben Sie den Sieg so gut wie in der Tasche. Ihre Partnerin wird sich hüten, noch einmal mit ihrer inneren Göttin zu argumentieren. Sie sollten sich dann aber fairerweise auch von Kurt verabschieden. Auch wenn's schwer fällt.

Hard Limits: Dinge, die man beim Sex partout nicht machen möchte. Die »Hard Limits« werden meist von den Sexualpartnern gemeinsam festgelegt und in einer Liste niedergeschrieben, die zweckmäßigerweise unter dem Kopfkissen aufbewahrt werden sollte, damit man jederzeit nachlesen kann, ob man das, was man gerade tut, auch will. Die Ansichten darüber, was auf so eine Liste gehört, sind individuell sehr verschieden.

**»Hard Limits« bekannter Persönlichkeiten:**

Arnold Schwarzenegger – Sex mit der eigenen Frau.

Verona Pooth – Grammatikalisch korrekter Dirty Talk.

Papst Benedikt XVI – Kondome benutzen.

Günther Oettinger – In Englisch stöhnen.

**Trivia:** 1972 sorgte der Schlagersänger Rex Gildo mit seinem Hit »Fiesta Mexicana« dafür, dass erstmals Musik in eine Liste der »Hard Limits« aufgenommen wurde. Bereits ein Jahr zuvor schaffte es eine seiner berüchtigten weißen Schlaghosen dorthin.

# 10. Kapitel
# S.O.G., die Dritte

Krisensitzung beim S.O.G.-Männerfrühstück. Christian kann nicht mehr. Nach acht Orgasmen in zwei Stunden fühle er sich buchstäblich ausgepumpt. Außerdem gingen ihm langsam die Gründe aus, die für die Bestrafung seiner Frau herhalten müssen. Aus purer Verzweiflung habe er sie sogar schon für die Tatsache bestraft, dass sie nicht mit dem Finger in der Nase bohrt. Die Stimmung ist bereits sehr gedrückt, als Thomas mit einer weiteren Hiobsbotschaft hereinschleicht.

»Ich habe eine sehr traurige Nachricht. Victor ist von uns gegangen.«

Victor habe nach einem totalen Nervenzusammenbruch, in dessen Verlauf der Arme versucht haben soll, sich mittels eines Zigarrenabschneiders selbst zu entmannen, nur noch einen einzigen Ausweg gesehen: die Flucht. Thomas glaubt, dass Victor irgendwo im Amazonasgebiet untergetaucht sei. Victor habe ihm nämlich vor einigen Wochen aufgeregt von den Zuruahã erzählt, einem winzigen

Indianervolk, das im Nordwesten des Brasilianischen Urwalds lebt. Das Interessante an den Zuruahã sei, dass sie noch die Knotenschrift hätten und Victor habe große Hoffnung gezeigt, dass »Shades of Grey« es nicht bis zu einer Übersetzung in diese Jahrtausendealte Schriftform schaffe. Und selbst wenn, Victor sei sicher gewesen, dass eine Übersetzung aufgrund der Flachheit des Originals für eine durchschnittlich begabte Knotenschriftleserin nicht von einem normalen Sisalseil zu unterscheiden wäre. Das leuchtet ein.

Holger meint, er findet es scheiße, wenn einer abhaut. Nur wegen eines blöden Romans. Einfach in den Sack hauen und irgendwo abhängen. Im Süden. Womöglich unter Palmen. Mit Nichtstun. Das sei feige und überhaupt nicht männlich. Dann fängt er an zu weinen. Thomas hat genug.

»Leute, es muss was passieren!«

Volker zeigt auf.

»Was ist, wenn wir auch einen Roman veröffentlichen? So eine Art Gegenroman. Mit einer Story, die die Frauen anspricht, nur ohne all dieses BDSM-Zeugs. Dann wären wir raus aus dem Gröbsten.«

»Was denn für eine Story?«

Wir denken nach. Vier Stunden später haben wir es. Volker fasst zusammen.

»Anastasia Stiel, eine schweigsame, gutaussehende Frau, verliebt sich in Christian Grei. Christian Grei hat eine geheimnisvolle Vorliebe für Borussia Mönchengladbach.

Jedes Wochenende gibt er sich in einer mit Sky-TV und Fernsehsessel ausgestatteten Kammer der Qualen bei Chips und Bier seiner Lust hin. Im Laufe einer Spielsaison führt Christian seine Anastasia behutsam in die Geheimnisse von Viererkette, Pressing und taktischen Fouls ein. Anastasia kann sich dem Sog der Lust am Fußball immer weniger entziehen. Irgendwann gibt sie nach und schenkt Christian eine Jahreskarte. Während des entscheidenden Spiels um die Meisterschale erklimmen sie gemeinsam in der Südkurve des Borussia-Parks den Gipfel der Lust und explodieren beim Sieg ihrer Mannschaft in einem unglaublichen, nicht enden wollenden Torjubel. Ende.«

Hammerstory! Wir sind begeistert! Diese raffinierte, bis ins kleinste Detail durchdachte und vor Spannung und Nervenkitzel berstende Story reicht locker für einen 700-Seiten-Thriller! Zukünftige Literaturpreisträger klopfen sich anerkennend auf die Schultern. Nur Martin hat einen kleinen Einwand.

»Und diesen Mist soll eine Frau lesen? Freiwillig?«

»Und wenn wir irgendwo ein paar Schuhe einbauen? Es müssen ja keine Fußballschuhe sein.«

»Trotzdem bleibt es Schund.«

»Das ist ›Shades of Grey‹ auch.«

»Und genau darin liegt unsere Chance. In einem Jahr wird sich kein Schwein mehr für dieses Buch interessieren. Und warum? Eben weil es Schund ist! Ich sage Euch: ein Jahr!«

»Soll der Roman nicht auch verfilmt werden?«

»Na gut, zwei Jahre.«

»Und dann kommt bestimmt noch das Buch zum Film über das Buch.«

»Drei Jahre. Aber dann ist Ende.«

»Aber es ist ein Bestseller!«

»Das war ›Mein Kampf‹ auch mal.«

Wir schauen uns an. Sollte Martin recht haben? Drei Jahre. Was ist das schon? Wenn Männer etwas können, dann ist es Aussitzen. Thomas ist noch unsicher.

»Und wenn irgendwelche Idioten jetzt aufsatteln und auch eine BDSM-Schnulze schreiben? Da steht doch schon eine ganze Armee in den Startlöchern und kackt eine Nummer nach der anderen aufs Papier: Fire after dark, Dunkle Sehnsucht, 80 Days, 20 Days, 20 Days and 4 Hours und was weiß ich noch alles.«

»Je mehr, desto besser für uns, denn desto eher hat man's satt.«

»Da hat Martin recht. Das war ja mit ›Mein Kampf‹ und dem Dritten Reich auch so.«

Schweigen. Ein neues Gefühl macht sich zaghaft in unserer Gruppe breit. Optimismus. Holger zeigt auf.

»Ich fänd's aber irgendwie doof, wenn wir uns dann nicht mehr sehen würden. Ich glaube, ich würde euch vermissen.«

Ich schaue Holger an. Holger hat schon wieder Tränen in den Augen. Auch mir wird etwas flau. Aber die nächsten drei Jahre werden wir uns ja noch sehen. Und wer weiß, was dann noch kommt …

# Nachwort

Nach der Lektüre der »Shades of Grey«-Trilogie bat mich
meine Partnerin ausdrücklich um folgenden Anhang:

Die Zehn Gebote für Autorinnen und Autoren, die unbedingt auch einen SM-Bestseller schreiben wollen:

1. Du sollst keine schlechten Bücher schreiben neben
   denen, die es zuhauf schon gibt.
2. Du sollst die Namen guter Autoren, deiner Götter,
   nicht missbrauchen.
3. Du sollst einen guten Satzbau heiligen.
4. Du sollst die Leser guter Bücher ehren.
5. Du sollst nicht nervtöten.
6. Du sollst nicht radebrechen.
7. Du sollst dem Leser keine Zeit stehlen.
8. Du sollst nichts Falsches behaupten über das,
   was du beschreibst.
9. Du sollst nicht begehren deines Kollegen Idee.
10. Du sollst nicht begehren deines Lesers Gunst,
    wenn du sie nicht verdient hast.

Dem habe ich nichts hinzuzufügen. Außer vielleicht einem Elften Gebot, das sich an alle richtet:

11. Du sollst nicht jeden Mist glauben, der geschrieben steht.

SATIRE BEI LAPPAN

Leo Fischer

Anny Hartmann

Bernhard Hoëcker

Oliver Kalkofe

Johann König

Thiess Neubert

Peter Vollmer

Günther Willen

Dietmar Wischmeyer

ISBN 978-3-8303-3248-2

ISBN 978-3-8303-3302-9

ISBN 978-3-8303-3314-2

ISBN 978-3-8303-3238-1

ISBN 978-3-8303-3193-3

ISBN 978-3-8303-3286-2

Ralf Höke wurde 1961 in Mönchengladbach geboren und war seit Anfang der 1990-er Jahre als Autor für nahezu alle großen Comedyshows im Deutschen Fernsehen tätig. Davor verdiente er sich seinen Lebensunterhalt unter anderem als Beikoch, Kindergärtner, Kurierfahrer, Altenpfleger, Gitarrenverkäufer, als Komparse, Bühnenschauspieler, Nachbelacher und Tontechniker. Daneben bestand er die Aufnahmeprüfung für Schauspiel/Regie am Mozarteum, trat die Ausbildung aber wegen akuten Geldmangels nicht an. Stattdessen tourte er als Gitarrist mit der Band *Ballhaus* durch Deutschland und begann mit dem Schreiben. Heute erarbeitet Ralf Höke unter anderem Bühnenprogramme für etablierte Kabarettbühnen wie *Die Stachelschweine* und *Die Distel* in Berlin und lebt in der Nähe von Köln.

André Sedlaczek Am Nikolaustag des Jahres 1967 in Detmold geboren, etwas zu früh, um Weihnachten nicht zu verpassen. Studium der Visuellen Kommunikation an der FH Bielefeld, Schwerpunkt Illustration. Seit 1996 als freiberuflicher Cartoonist und Comic-Zeichner tätig. Seine Cartoons erscheinen im Satiremagazin *Eulenspiegel*. www.bissiges.de

ISBN 978-3-8303-3331-9

© 2012 Lappan Verlag GmbH
Postfach 3407, D-26024 Oldenburg
www.lappan.de

Idee und Lektorat: Nicola Heinrichs

Der Lappan Verlag ist ein Unternehmen
der Verlagsgruppe Ueberreuter.

Die Zitate in diesem Buch stammen aus
»Shades of Grey – Geheimes Verlangen«,
Wilhelm Goldmann Verlag, München,
Deutsche Erstausgabe August 2012.